Friedrich Helfreich

Über die Nerven der Conjunctiva und Sclera

Friedrich Helfreich

Über die Nerven der Conjunctiva und Sclera

ISBN/EAN: 9783744620116

Hergestellt in Europa, USA, Kanada, Australien, Japan

Cover: Foto ©berggeist007 / pixelio.de

Weitere Bücher finden Sie auf **www.hansebooks.com**

ÜBER DIE NERVEN

DER

CONJUNCTIVA UND SCLERA.

VON

DR. FRIEDRICH HELFREICH

IN WÜRZBURG.

MIT 3 TAFELN.

WÜRZBURG.

A. STUBER'S BUCHHANDLUNG.

1869.

Ueber die Nerven der Conjunctiva.

—◇✕◇—

Die Veranlassung zu der hier zunächst mitzutheilenden Untersuchung über die Nerven der Augapfelbindehaut fand ich einmal in den
neuen Thatsachen und Anschauungen, wie sie sich aus den Arbeiten
von *Cohnheim* und *Langerhans* bezüglich des Verlaufes und der
Endigungsweise der sensiblen Fasern in der Cornea sowohl wie in
der Schleimschicht der äusseren Haut ergeben hatten und andererseits
in dem Widerspruche, der gegenüber dem bekannten physiologischen
Verhalten der Conjunctiva als einer mit ausserordentlich lebhaftem
Empfindungsvermögen begabten Schleimhautausbreitung in der Un-
zulänglichkeit und Unsicherheit des bisher gelieferten anatomischen
Nachweises lag. Zwar hatte es ebensowenig an einer mehrfachen
Bearbeitung des gewählten Stoffes wie an einer lebhaften Discussion
über die Gültigkeit der von den einzelnen Forschern gesammelten
Resultate gemangelt, allein trotzdem war, von dem heutigen Standpunkte aus betrachtet, so vieles Unabgeschlossene und Zweifelhafte
in der Frage übrig geblieben, dass eine erneute Untersuchung um so
eher eine definitive Lösung versprach, da sie mit Hülfe der *Cohnheim*'schen Vergoldungsmethode in's Werk gesetzt werden sollte, die
an einem genetisch nächstverwandten Theile, dem Bindehautblatt der
Cornea, so überraschende Resultate bezüglich der Endigung der sen-

siblen Fasern ergeben hatte. Zur näheren Begründung des eben Gesagten will ich hier in Kürze, was in der Literatur über den abzu-
handelnden Gegenstand vorliegt, wiedergeben. Die ersten Mittheilungen
über die nähere Verlaufsweise der conjunctivalen Nerven verdanken
wir *W. Krause*, der in seiner 1860 erschienenen Abhandlung „über
terminale Körperchen" beschrieb, wie die zur Conjunctiva tretenden
Nerven nach mehrfacher Geflechtbildung und Austauschung von
Fasern, wobei sie allmälig in die oberen Schichten der propria vor-
dringen, schliesslich in eigenthümliche Endorgane auslaufen, die er
Endkolben nannte und an denen er eine bindegewebige Hülle mit
Kernen, einen Innenkolben von feingranulirter, mattglänzender Substanz und in der Mitte desselben eine blasse Terminalfaser mit etwas
kolbig verdicktem Ende unterschied. *Krause* gelang es jedoch ausser
beim Menschen nur noch bei einzelnen Thieren wie beim Pferd, Rind,
Schaaf und Schwein diese Endapparate aufzufinden und auch bei diesen
Thieren zeigte sich ihre Zahl verhältnissmässig gering und ihre Vertheilung in hohem Grade ungleich und ungeregelt. Er gab an, wie
mitunter auf längere Strecken nicht ein einziger dieser Endapparate
gefunden werden könne, während an anderen Stellen, an die strahlen-
förmige Ausbreitung weniger Fasern sich anschliessend, eine dichte
Zusammenhäufung derselben sich ergebe. Directe Zählungen wurden
von ihm der besonderen Schwierigkeiten wegen nicht angestellt, doch
sprach er sich nach einer beiläufigen Abschätzung ihrer Menge dahin
aus, dass bei den verschiedenen Thieren wie beim Menschen die Zahl
der in der Bindehaut vorhandenen Endkolben die gleiche sein dürfte
und dass mithin eine auffällig geringere Summe nervöser Endapparate
in der Conjunctiva sich finde, wie in der Haut der letzten Finger-
glieder. Die Form der Endkolben zeige sich beim Menschen wie
bei den verschiedenen Thieren verschieden; bei ersterem wie beim
Affen sei sie rundlich, fast kugelig, bei anderen Thieren habe sie im
Allgemeinen eine mehr länglich ovale bis ausgeprägt cylindrische Begrenzung; dabei stellten sich die Kolben entweder gerade gestreckt oder
leicht gebogen dar. Bezüglich ihrer Dimensionen gab er an, dass sie
gewöhnlich im geraden Verhältnisse zur Grösse des Thieres stünden, mit
dem Körperumfange also etwas zunähmen, während sie bei sehr jungen

Thieren zwar dieselbe Beschaffenheit wie bei erwachsenen, aber eine etwas geringere Ausdehnung besässen. Ihren feineren Bau anlangend, so bestünde die Hülle der Endkolben aus zartem Bindegewebe, in welches das Neurilemm der eintretenden doppeltcontourirten Faser sich fortsetze und in welcher vielfach Kerne von meist länglicher Gestalt eingelagert seien. Der Innenkolben, der Hauptbestandtheil des ganzen Organes, sei von feinkörniger Beschaffenheit und in dessen Masse die Terminalfaser eingebettet, die das Ende der doppeltcontourirten Fibrille darstelle, an ihrem vorderen Theile eine leichte, knopfförmige Anschwellung zeige und gewöhnlich schon vor der vorderen Begrenzung des Innenkolbens ihr Ende erreiche. Beim Menschen finde sich gewöhnlich eine Mehrzahl von Terminalfasern in der Innensubstanz des Kolbens, die zugleich etwas gewunden verliefen und in den meisten Fällen aus einer einzigen zutretenden Faser entstünden.

Die auf Grund dieser Beobachtungen gestützte Behauptung *Krause's*, dass in diesen Endkolben die einzigen Endigungen der conjunctivalen Nerven gegeben seien, fand energischen Widerspruch in der Arbeit von *J. Arnold*, der einmal die *Krause'*schen Endkolben nicht für praeexistent, sondern für Kunstproducte erklärte, und ihre Entstehung dem vom *Krause* angewandten Verfahren zuschrieb, zugleich aber ein blasses Netz von Nervenfasern, in den höheren Gewebsschichten gelegen, als die wirklichen Endigungen der Nerven bezeichnete. *Krause* habe dieses Netz in Folge seiner Methode, die sich der Maceration der Präparate in Essig oder zur Aufhellung des Kali's bediente, nicht zu Gesicht bekommen können, indem das erste Reagens die oberflächliche Schicht der Schleimhaut zerstöre, das zweite aber alle Theile so durchsichtig mache, dass diese blassen Fasern nicht wahrgenommen werden könnten. Die von *Krause* beschriebenen Endkolben sollten durch Zerreissung der doppeltcontourirten Fasern entstehen, die theils schon durch die Präparation, weiterhin aber durch die von *Krause* angewendeten Reagentien hervorgerufen werde, wonach ein Austritt von Myelin statthabe und die zerrissenen Fasern sich aufrollten. Beides täusche die Innenkolben vor, das Neurilemm der zerrissenen Fasern aber die Bindegewebshülle der Endkolben und die Terminalfaser endlich werde durch den übrigbleibenden Achsencylinder dargestellt. Allenthalben liesse sich die jenseitige Fortsetzung der Faser wieder auffinden und ebenso sei es eine leichte Mühe, an der Peripherie der sogenannten Endkolben Zipfel und Fragmente der Nervenscheide zu entdecken.

Was nun die von *J. Arnold* zur Darstellung des von ihm sogenannten Endnetzes blasser Fasern angewendete Methode betrifft, so bestand sie darin, dass er die möglichst schonend abgetragene Conjunctivalparthie zuerst vom Epithel befreite, sodann das Präparat unter gelinder Erwärmung mit diluirter Essigsäure behandelte und schliesslich dasselbe, wenn er sich von dessen weiterer Brauchbarkeit überzeugt hatte, mehrere Stunden in eine Carminlösung brachte, in welcher sich vorzugsweise die Kerne der Nervenscheiden färbten, wodurch die Verfolgung der Fasern erleichtert wurde. So fand er denn, dass unter fortwährender Theilung und Geflechtbildung von Seite der Gefässe und Nerven letztere schliesslich in, meistens nur aus 2 Fasern bestehende, Stämmchen ausstrahlten, die bei ihrer nächsten Theilung die Markscheide verlören und sich durch fortwährende Verästelung rasch vermehrten. Gleichzeitig zeige sich vielfach eine anastomotische Verbindung zwischen den einzelnen Fasern und auf diese Weise komme es in nächster Nähe unter den Maschen der Capillargefässschicht zur Bildung eines ausserordentlich dichten Nervennetzes, dessen Verschmelzungspunkte meist im Centrum der Gefässmaschen lägen. Gerade dieser Umstand war *J. Arnold* für die Unterscheidung der Nervenfasern von etwa veränderten Capillargefässen massgebend, wie er andererseits hervorhob, dass er durch die Untersuchung injicirter Präparate, wie durch die Deutlichkeit des Gefässnetzes in Folge der von ihm angewendeten Methode, sowie ferner durch die ausserordentliche Feinheit der Fasern und endlich durch deren Rückwärtsverfolgung auf ihren Ursprung aus den Stämmchen vor einer Verwechselung mit Capillargefässen wohlgesichert gewesen sei, während eine solche mit elastischen Fasern schon durch die Beachtung der Verlaufsweise der letzteren, die im Ganzen eine von hinten nach vorne gerichtete sei, vermieden werden könne. Dass diesem, von ihm beschriebenen Netze feinster blasser Fasern wirklich ein terminaler Charakter zukomme, schloss *Arnold* daraus, dass es ihm nicht gelang, gegen die höheren Gewebsschichten oder gegen das Epithel zu Fortsetzungen derselben aufzufinden' und trotz der hie und da frei endenden Fasern nahm er denselben doch um desswillen an, weil diese freien Endigungen nur. ausserordentlich spärlich vertreten seien und vor Allem jenen Stellen zukämen, die irgend ein Merkmal von Beschädigung und Verletzung des Gewebes an sich trügen. —

Nachdem nun die Einwürfe *J. Arnold*'s gegen die Ursprünglichkeit der *Krause*'schen Endkolben, die auf Grund seiner gegebenen Abbildungen, sowie andererseits seiner Erklärung über das Zustandekommen ihrer bei den verschiedenen Thieren verschiedenen Form etc. sehr unwahrscheinlich klangen, durch die Untersuchungen von *Lüdden* und *Frey* ihre Widerlegung gefunden haben und das wirkliche Vorhandensein der Endkolben, aber nur mit so grossen Beschränkungen bezüglich ihrer Zahl und ihres Vorkommens überhaupt, sichergestellt wurde, schien mir gerade aus letzterem Grunde und in physiologischer Beziehung die von *J. Arnold* gemachte Angabe über ein terminales Fasernetz ebenso beachtenswerth als eine auf einer sicheren Methode der Untersuchung basirende Prüfung derselben nöthig zu sein, da so vielfache Widersprüche und Zweifel an der Richtigkeit derselben vorlagen.

Da meine erste Absicht dahin ging, den Ursprung und die Art und Weise der Vertheilung der zu der Conjunctiva tretenden Nervenstämme genau festzustellen, so wählte ich, weil die Präparation derselben an frischen Objecten nicht wohl ausführbar war, indem sie einmal bei grösseren Thieren wegen der Dicke und Undurchsichtigkeit der Theile gar nicht zur Anwendung kommen konnte, aber auch bei kleineren und zarteren Objecten ihre längere Dauer die Nerven zu sehr veränderte und undeutlich machte, die Behandlung des Gewebes mit einer Lösung von Ueberosmiumsäure, die bekanntlich das Nervenmark tiefschwarz färbt, die Gefässe aber und die übrigen Bestandtheile des Gewebes viel heller und in ganz anderen Farbentönen hervortreten lässt. Die Goldimprägnation erwies sich mir zur Ausführung dieses Theiles meiner Untersuchung als durchaus unzweckmässig, indem die Unterscheidung der Nervenstämme von den gleichfalls stark gefärbten grossen Gefässen die grössten Schwierigkeiten darbot. So brachte ich denn, nachdem der gesammte Bindehautsack des frisch getödteten Thieres mit möglichst nach hinten gerichteten Scheerenschnitten unter dem subconjunctivalen Gewebe rasch abgelöst war, denselben sogleich in die Lösung der Ueberosmiumsäure. Letztere wendete ich versuchsweise in verschiedener Concentration an, in der Stärke von $^1/_2$ bis zu 2 Procent, kam aber bald zu dem Resultate, dass sich für eine gute Färbung und zugleich für die Erleichterung der Präparation bei kleinen Thieren z. B. dem Frosch, der Maus etc. ein Gehalt von 1 Procent, bei grösseren aber ein solcher von $1^1/_2$ Procent am meisten empfiehlt. Unmittelbar nach dem Einlegen der Objecte in die Lösung wurden dieselben mittelst feiner Nadeln vorsichtig ausgebreitet, um ein gleichmässiges Eindringen der Flüssigkeit zu ermöglichen und sodann, gegen Verdunstung geschützt, 24 Stunden in derselben belassen. Eine gleiche Zeit lang wurden sie nachher in destillirtes Wasser gebracht, um die durch die Einwirkung der Säure entstandene Schrumpfung und Sprödigkeit des Gewebes etwas zu mindern und die später vorzunehmende Isolirung der Nervenstämme dadurch zu erleichtern. Diese letztere selbst geschah in einem kleinen, mit destillirtem Wasser gefüllten Uhrgläschen und mit Hülfe feiner Nadeln und Pincetten unter der sogenannten Präparationsloupe, wo es bei der nöthigen Vorsicht ziemlich leicht gelang, die Querschnitte der eintretenden Nerven in dem grauschwarz gefärbten Gewebe zu entdecken und die Stämme in ihrer Ausbreitung und Vertheilung nach vorne bis in die Nähe des Epithels zu verfolgen, das sich durch einen äusserst charakteristischen schwarzgrünen Farbenton von dem Grundgewebe der Bindehaut, das nur leicht grün gefärbt erschien, differenzirte. War man einmal dazu gekommen, die hinterste Schicht des subconjunctivalen Gewebes mit Schonung aller Nerven zu entfernen, so liess sich die Präparation sehr rasch dadurch fördern, dass man das Präparat mit der nöthigen Wassermenge zwischen 2 Objectträger brachte und dasselbe einer gelinden Compression unterwarf, um sich bei der

dadurch gewonnenen grösseren Durchsichtigkeit der Theile rascher
über die weitere Verlaufsweise der einzelnen Stämmchen zu unter-
richten. Die Orientirung über die topographischen Verhältnisse des
ganzen Präparates z. B. die innere und äussere Commissur, die
Uebergangsfalte, das viscerale und parietale Blatt war entweder
mittelst natürlicher Marken, wie an der inneren Commissur durch die
Nickhaut, oder künstlich angebrachter Kennzeichen gesichert und
ebenso wurden zur weiteren Controle selbstständige Präparate der
einzelnen eben genannnten Theile des ganzen Bindehautsackes frisch
gefertigt und sodann erst in die Lösung verbracht. War es schliesslich gelungen, das Präparat von den die Durchsichtigkeit und Ueber-
sicht störenden Theilen zu befreien, so wurde es aus dem Uhrgläschen
herausgenommen, auf einem Objectträger in Glycerin ausgebreitet und
je nach seiner Dicke entweder mit einem Deckgläschen oder einem
weiteren Objectträger, der eine entsprechende Compression zuliess,
bedeckt. Nach ganz kurzer Zeit hatte das Präparat durch das ein-
gedrungene Glycerin alle nur wünschenswerthe Klarheit erlangt und
war zur weiteren genauen Untersuchung vollkommen geeignet. Die
Betrachtung der auf solche Weise bei verschiedenen Thieren, z. B.
dem Frosch, Huhn, der Taube, Ratte etc. hergestellten Präparate zeigte
nun im Allgemeinen folgendes Verhalten: Die Eintrittsstellen der für
die Conjunctiva bestimmten Nerven sind der innere und äussere Augen-
winkel, von wo aus dann in mehr weniger bogenförmigem Verlaufe
die einzelnen Aeste von den Hauptstämmen sich abzweigen. Dabei
ist es jedoch vor Allem der an der inneren Commissur zur Bindehaut
tretende Stamm, der die Hauptmasse der Fasern enthält und in Folge
dessen durch seine Mächtigkeit und eine weitaus grössere Anzahl von
Aesten sich auszeichnet, wie dies aus Fig. I. und Fig. II. der bei-
gegebenen Tafeln ersichtlich ist. Diesen Typus der Nervenvertheilung
konnte ich bei allen von mir untersuchten Präparaten der verschiedenen Thiere constatiren und weniger belangreiche Differenzen, bei
einzelnen z. B. ein mehr nach innen oben stattfindender Eintritt des
medialen Hauptstammes, wie er bei dem vom Huhn entnommenen Objecte
in Fig. I. dargestellt ist, seien hier nur beiläufig erwähnt. Durch
die an den beiden Hauptstämmen rasch eintretende Theilung und Ver-

ästelung entsteht namentlich innen ein dichter, zierlicher Plexus, der
bei den schwächeren Zweigen auch noch mit einem gegenseitigen
Austausche einzelner Fasern verbunden ist. Die Hauptmasse der diesen
Plexus constituirenden Aeste strebt nach der vorderen Hälfte des
Bindehautsackes, zu dem Lidtheile desselben, während der fornix
nur ganz wenige, kleine Zweige und das viscerale Blatt desselben nur überhaupt den 3.—4. Theil der eintretenden Nerven
erhält. Geradezu typisch, aber allerdings abweichend von dem sonst
eingehaltenen Modus der Vertheilung lässt sich dieses Verhältniss
beim Frosch beobachten, wo die Abzweigung der Stämme zweiter
und dritter Ordnung unmittelbar auf dem Uebergangstheile der
Bindehaut selbst stattfindet. Die . Fig. II. dürfte diese Verhältnisse
besser als jede Beschreibung, sowohl in Bezug anf die an der Uebergangsfalte rittlings stattfindende Theilung, als auch in Hinsicht auf
die Differenz in der Zahl der nach dem visceralen und und parietalen
Blatte abgehenden Zweige veranschaulichen. Die für letzteres bestimmten Aeste bilden in ihrem Weiterverlauf nach der Mitte noch
mehrfache, plexusartige Verschlingungen und hören dann, in ihren
eiuzelnen Ramificationen auf die Stärke weniger Fasern reducirt,
plötzlich mehr weniger spitz auf. Wie schon oben bemerkt wurde,
ist die Zahl der an der inneren Commissur des Bindehautsackes zutretenden Nerven eine weit grössere als an der äusseren Seite und
dieses Uebergewicht bleibt, trotzdem eine reiche Fasermenge von hier
aus für die daselbst befindliche membrana nictitans abgegeben wird, in
der weiteren Vertheilung der Nerven in *der* Weise ausgeprägt, dass
die von innen kommende Nervenverzweigung über die sagittale Mittel-
linie der Bindehautausbreitung hinüber verläuft und so nur der kleinere,
laterale Theil des Sackes von Aussen her mit Fasern versorgt wird.
Was nun weiterhin eine andere Relation, nämlich die des unteren zum
oberen Lide in Rücksicht auf den Gehalt an Nervenfasern betrifft,
so ist dieselbe je nach den speciellen anatomischen Verhältnissen des
betreffenden Thieres mehr weniger different. Beim Frosche z. B.,
wo die membrana nictitans vermöge ihrer eigenthümlichen Einrichtung
und ihrer Ausdehnung nicht nur das untere Lid vertritt, sondern
auch den grössten Theil der Functionen, welche bei anderen Thieren

dem oberen Lid zufallen, versieht, dürfte der Nervenreichthum derselben den des letzteren um eine ziemlich beträchtliche Quote über-
treffen. Ein wieder etwas modificirtes Verhältniss findet man bei
Vögeln, wo die Nickhaut zwar als integrirender Bestandtheil des
Bindehautsackes vorhanden ist, allein das untere Lid das obere an
anatomischer Ausdehnung und physiologischer Bedeutung überragt.
Für die höheren Thiere dagegen, die Säuger und ebenso auch für
den Menschen ist das dem Frosch entgegengesetzte Verhalten, ein
grösserer Nervenreichthum des oberen gegenüber dem des unteren
Lides, gegeben. Nach seinem Ursprunge endlich ist wohl der innere,
mediale Hauptstamm als ein Theil der Endigung des nervus infra-
trochlearis und der laterale als ein solcher des nervus lacrymalis,
welche beide Zweige vom I. Ast des nervus trigeminus stammen,
anzusehen.

Nach dieser vorläufigen Erörterung über das gröbere Verhalten
der Nerven komme ich jetzt zur Besprechung meiner eigentlichen
Aufgabe, nämlich zur Betrachtung des weiteren Verlaufes und vor
Allem der Endigungsweise der an den Ueberosmiumsäurepräparaten
bereits in's Gewebe der Conjunctiva hinein verfolgten Stämmchen.
Für diesen Theil der Untersuchung verwendete ich ausschliesslich
die Goldmethode und liess mich durch die vielfachen unbefriedigenden
ersten Versuche nicht abschrecken, da es eine Erfahrungssache ist,
dass man die Hindernisse und Schwierigkeiten einer Methode von
vorneherein desswegen häufig unterschätzt, weil der Zufall in Rech-
nung gezogen wird, der gleich bei ihrer ersten Anwendung die
günstigsten Bedingungen zum Gelingen bot, wie man diess von dem
Verhalten der Hornhautnerven der Goldimprägnation gegenüber wahr-
lich mit Recht behaupten darf. Obwohl ich alle Voraussetzungen,
die *Cohnheim* für das Zustandekommen einer guten Vergoldung als
unerlässlich bezeichnet hat, genau einhielt, die schnelle und saubere
Anfertigung der Präparate, die Concentration und die Zeit der Einwirkung der Goldlösung auf dieselbe sorgfältig beachtete, hatte ich
doch nicht das Glück, eine auch nur irgendwie befriedigende Beschaffenheit der Objecte zu erzielen, obwohl die zur Controle versuchte

Vergoldung der Hornhautnerven desselben Thieres vollständig gelang. Versuche mit höheren und niedrigeren Concentrationsgraden, nämlich 1 Procent- und $^1/_4$ Procent haltigen Lösungen hatten einen noch ungünstigeren Erfolg. Es traten zwar so ziemlich in der von *Cohnheim* für die Hornhaut angegebenen Weise die verschiedenen Färbungen ein, allein es fehlte den Bildern vollständig an Klarheit und Sauberkeit, so dass es schon Schwierigkeiten machte, kleinere Nervenstämme mit 2 Fasern von Gefässen zu unterscheiden. Endlich kam ich dazu, den Grund dieses Uebelstandes in der Beschaffenheit des Lichtes, dem ich die Präparate seither ausgesetzt hatte, zu suchen. Bis dahin nämlich hatte ich nur das diffuse Tageslicht verwendet; von jetzt an aber brachte ich die Präparate direct in das kräftigste Sonnenlicht und hier konnte ich nun schon in kurzer Zeit das Grau- und Violettwerden derselben und zwar in reinen und kräftigen Farbentönen beobachten. Dabei ergab sich, dass trotz der Feinheit des Präparates die Zeit der Einwirkung des Sonnenlichtes eine ungleich längere sein müsse wie bei der Hornhaut. Die besten Präparate erhielt ich, wenn es glückte, circa 2 Tage kräftigen Sonnenschein für dieselben benützen zu können; alsdann hatten sie meist alle eine schöne, rothblaue bis purpurne Farbe erlangt. Die mit ersterer Farbennuance versehenen erwiesen sich jedoch immer besser als die tief purpurfarbigen. Selbstredend fand ich dabei eine verschieden lange Zeit für die Durchtränkung mit der Goldlösung bei der Conjunctiva der einzelnen Thiere nothwendig; die des Frosches beliess ich circa 20 – 25 Minuten in der $^1/_2$ procentigen, mit einer Spur Essigsäure versetzten Lösung, etwas länger die der Maus und der Ratte nnd bei grösseren Thieren, z. B. der Taube, dem Huhn und Kaninchen etc. fand ich 45—60 Minuten als den entsprechendsten Zeitraum. Dabei will ich bemerken, dass sich auch jetzt der eben angegebene Concentrationsgrad von $^1/_2$ Procent als der weitaus günstigste für die Herstellung der Objecte erwies. Bei Einwirkung einer $^1/_4$ procentigen Lösung war, trotzdem ich das Präparat noch einmal so lang in der Flüssigkeit beliess, die Reduction eine sehr ungenügende und bei der einer 1-procentigen trat sie erst ganz spät und nur ganz schwach ein. Bei kleinen Thieren entfernte ich die Conjunctiva am besten mittelst eines Irishäckchens und einer *Louis*'schen Scheere, brachte sie sofort in die Goldlösung, wobei ich das vermöge seiner Elastizität sich einrollende Präparat vorsichtig auszubreiten suchte und stellte sodann das Ganze, während der Dauer der Einwirkung der Goldlösung, in einen dunkeln Behälter, um grobe Niederschläge auf dem Epithelialüberzuge des Präparates zu verhüten. Nach Ablauf der oben angegebenen Zeit wusch ich die Präparate in destillirtem Wasser sorgfältig aus und entfernte dann noch bei grösseren Thieren, z. B. dem Kaninchen, dem Kalbe, dessen Conjunctiva in der Goldlösung ausserordentlich stark aufquoll, bei einzelnen Stücken die untersten Schichten des conjunctivalen Gewebes mit flachen Scheerenschnitten, um das kräftige Eindringen des Lichtes in die dem Epithel nächstgelegenen Partieen zu ermöglichen und überliess sodann die Objecte der Einwirkung der Sonne in der oben beschriebenen Weise. Unter Beobachtung aller dieser Vorsichtsmassregeln kam ich bald in den Besitz äusserst wohlgelungener Präparate bei den verschiedenen Thieren. Am constantesten gelangen die Versuche bei der Conjunctiva der Taube und des Frosches, während bei einigen Säugern z. B. der Ratte nnd dem Kaninchen, bei welch' letzterem Thiere gerade die Goldbilder der Hornhaut am leichtesten und schönsten sich gewinnen lassen, die Vergoldung der Nerven bis in ihre letzten Ausläufer hinein mir nie ganz gelang, obwohl das ganze Präparat die schönste Purpurfarbe zeigte und die günstigsten Verhältnisse von Seite des benutzten Lichtes vorgelegen hatten. Da, wie ich oben bemerkte, für die Herstellung guter Präparate bei der Conjunctiva ein weitaus grösserer Zeitraum — oft bis zu 2 Tagen — wie bei der Hornhaut benöthigt wurde, so ergab sich eine missliche Consequenz dieses Verhaltens darin, dass bei so langer Einwirkung des Lichtes auch die Schicht der Epithelzellen eine etwas stärkere Goldfärbung bekam und dadurch die Durchsichtigkeit der Präparate auch bei so kleinen Thieren wie beim Frosch etwas litt, ein Uebelstand, der sich indessen durch eine vollständigere und weitergehende Bearbeitung des Präparates wieder paralysiren liess. Die weitere Behandlung der Objecte, nachdem dieselben lange genug dem directen Sonnenlichte ausgesetzt waren, war folgende: Dieselben wurden in schwach angesäuertem Wasser gewöhnlich noch 1—2 Tage im diffusen

Tageslichte belassen, wodurch die Färbung der einzelnen Gewebstheile eine grössere Klarheit und Schärfe erhielt und sodann unter der Präparationsloupe mit Nadeln und Scheere entsprechend dünn und durchsichtig bearbeitet. Zur weiteren Aufhellung legte ich sie dann in Glycerin, eine Flüssigkeit, die sich mir zu diesem Zweck weitaus brauchbarer erwies, als die von anderen Beobachtern, wie *Langerhans*, empfohlene Essigsäure oder das Kreosot. Ich ging von der Betrachtung der stärkeren Stämme aus und will in Kürze das Beobachtete hier wiedergeben.

Nach Bildung des schon oben erwähnten grobmaschigen Geflechtes in dem subconjunctivalen und in den tieferen Schichten des conjunctivalen Gewebes dringen die Nerven, durch fortgesetzte Theilung in immer schwächere, nur noch aus wenigen Fasern bestehenden Zweige übergehend, allmälig nach vorne vor; alle von ihnen abgegebenen Aeste zeigen dabei nirgends einen Zusammenhang, der als eine netzförmige Verbindung aufgefasst werden müsste. Das Verhalten der letzten, noch aus (2—3) doppeltcontourirten Fasern bestehenden Stämmchen ist bei einigen Thieren, z. B. dem Frosch, so regelmässig, dass es hier wohl näher beschrieben werden darf. Nachdem die Stämmchen letzter Ordnung in der Höhe unmittelbar unter den letzten Lagen des Capillargefässnetzes angelangt sind, findet eine abermalige Theilung statt, wobei die auseinander gehenden noch doppeltcontourirten Fasern gewöhnlich in einer auf der Achse des Stämmchens nahezu senkrecht stehenden Richtung weiterverlaufen, auf lange Strecken hin in derselben verfolgbar und gewöhnlich vollkommen gerade gestreckt oder doch nur mitunter leicht wellig geschlängelt. Auf diese Weise entsteht ein System mehr weniger paralleler doppeltcontourirter Fasern unterhalb der Capillargefässmaschen, wie es der Zeichner in Fig. III. dargestellt hat. Bei anderen Thieren ist der Modus des Verlaufes und der Theilung der letzten aus doppeltcontourirten Fasern bestehenden Stämmchen ein weniger regelmässiger und für seine Schilderung gilt dann einfach die Bemerkung, dass diese, in den verschiedensten, schrägen und senkrechten Richtungen die Gefässe übersteigend, allmälig nach oben gelangen, wo bei der letzten Theilung

dunkler Fasern ihr Uebergang in marklose Fibrillen stattfindet. Eine
Ausnahme von diesem nur allmälig sie nach oben führenden Verlaufe
machen einzelne Fasern, von der ich mich, nicht an Flächenpräparaten,
wohl aber an einer ziemlichen Anzahl von Querschnitten bei verschiedenen Thieren überzeugte. Hier geht dann von einem noch aus
einer grösseren Anzahl von doppeltcontourirten Fibrillen bestehenden
Stämmchen, das sich noch ziemlich in der Mitte des Grundgewebes
der Conjunctiva befindet, eine einzige Faser ab, die an derselben
Stelle ihre Markscheide plötzlich verliert und senkrecht aufsteigend
nach oben verläuft, um, abermals in rechtwinkeliger Richtung um-
biegend, in das subepitheliale Netz blasser Fasern einzutreten und in
demselben noch eine *lange* Strecke weiter zu verlaufen, wie man
bei mehr schräg ausgefallenen Querschnitten leicht wahrnehmen kann
Das eben geschilderte Verhalten solcher einzelnen Fasern demonstrirt
Fig. V. und ist zu derselben lediglich zu bemerken, dass das Niveau,
in welchem das die senkrecht aufsteigende Faser abgebende Stämmchen sich befindet, der Gränze zwischen dem mittleren und oberen
Dritttheile des Querschnittes der Conjunctiva entspricht.

Im Anschlusse an die eben geschilderte Abweichung in der Entstehung und dem Verlaufe einzelner Fasern dürften jene blassen
Fibrillen zu erwähnen sein, die in einem und demselben Niveau mit
den groben Gefäss- und Nervenstämmen in das Gewebe eintreten, sich
durch einen stark geschlängelten Verlauf und langes Einhalten einer
einmal gewählten Richtung auszeichnen, in Folge dessen sie nur
langsam nach Vorne gelangen, wo sie, in die allgemeine subepitheliale
Nervenausbreitung übergehend, der weiteren getrennten Beobachtung
sich entziehen. Auf ihrem Wege kommen sie oftmals in Berührung
mit den groben Gefässstämmen, bilden in deren nächster Umgebung
und auf denselben vielfache plexusartige Verschlingungen, verlaufen
mitunter auf längere Strecken auf den Gefässen selbst und muss man
daher, da diese Verhältnisse nur an massigeren Präparaten sich beobachten lassen, oft von ihrer weiteren Verfolgung abstehen. Bei
einer grösseren Anzahl gelang es mir jedoch, denselben mit Sicherheit
nach oben gegen das Epithel zu nachzugehen und sie in das unter

demselben befindliche allgemeine Geflecht eintreten zu sehen. Während ihres langen Verlaufes zeigen sie zahlreiche Varicositäten und vielfach Auflagerungen von Kernen und in anatomischer Beziehung dürften sie wohl jenen Nervenfasern der Cornea vollkommen gleichzustellen sein, die *Cohnheim* und *Engelmann* als solche unmittelbar vom Scleralrande her, „meist einzeln" in das Hornhautgewebe eintreten, aber dann gleich den doppelt contourirten Fibrillen in das subepitheliale Netz blasser Fasern auslaufen sahen und für die letzterer Beobachter ein bereits innerhalb des scleralen Verlaufsgebietes stattfindendes, mit gleichzeitiger Abgabe der Markscheide verbundenes Selbstständigwerden annimmt, während er sie in physiologischer Hinsicht den übrigen, noch in Stämmen gesammelten Fasern vollkommen gleichwerthig erachtet. Fig. III. veranschaulicht das Verhalten einer solchen Faser auf einer längeren Strecke ihres Verlaufes.

Nachdem wir oben die eintretenden Stämme bis an die Stelle ihres Ueberganges in marklose Fasern verfolgt haben, wende ich mich jetzt zunächst zur Beschreibung der Art und Weise dieses Ueberganges selbst und sodann zur Betrachtung der daran sich anschliessenden oberflächlichen Nervenausbreitung, des subepithelialen Geflechtes.

Wie bereits bemerkt, bestehen die Stämmchen letzter Ordnung aus einem Complex von 2, höchstens 3 doppeltcontourirten Fasern. Ihre Markscheide verlieren letztere an der Stelle der nächsten Theilung, nicht etwa schon während ihres gemeinsamen Verlaufes. An dem Theilungswinkel finden sich gewöhnlich Kerne angelagert und ebenso zeigt sich daselbst noch eine leichte varicöse Anschwellung, mit der die blassen Fasern beginnen. Die Untersuchung dieser Verhältnisse wird am besten vorgenommen an Präparaten, von denen mit Hülfe feiner Nadeln vorsichtig das Epithel abgestreift wurde und an diesen sieht man dann das ganze Gesichtsfeld durchzogen von einer ausserordentlich grossen Anzahl feinster Fasern, die mit ungemeiner Klarheit aus dem Grundgewebe der Conjunctiva und zwischen den Schlingen der Capillargefässe hervortreten und in Folge dessen ein äusserst zierliches und elegantes Bild darstellen. Hier kann von der Möglichkeit einer Täuschung und einer Verwechselung derselben mit veränderten

Capillar- oder Lymphgefässen, wie mit elastischen Fasern keine Rede
sein. Allenthalben sind die fraglichen Bestandtheile des Bildes durch
ihre Farbe, durch ihre Dimensionen und ihren Zusammenhang mit
den gleichartigen Ursprungselementen mit einer Schärfe differenzirt,
die keinen Zweifel mehr zulässt. Das homogene Grundgewebe ist
entweder völlig ungefärbt oder hat nur einen zarten rosafarbenen Ton,
gegen den die dunkelvioletten Bindegewebskörperchen um so schärfer
hervortreten. Die Gefässe präsentiren sich mit einer Deutlichkeit wie
an injicirten Präparaten, ihre Wandungen haben eine braunviolette
Farbe und sind licht genug geblieben, um die dunkler gefärbten Blut-
körperchen von innen durchscheinen zu lassen. Die Kerne der Wandungen zeigen eine schwächere Tingirung und ausserdem kann man Masche
für Masche an dem ganzen Gefässnetze mit allen verschiedenen Durch-
schlingungen der einzelnen Lagen auf das Genaueste übersehen. Geht
man weiterhin bei irgend einer der im Gesichtsfelde befindlichen Fasern
auf ihren Ursprung zurück, so sieht man dieselbe, abgesehen von
ihren vielfachen Verzweigungen, immer hervorgehen aus einem solchen
Stämmchen letzter Ordnung, wie es oben beschrieben wurde. Stämmchen, die bereits selbst aus blassen Fasern zusammengesetzt sind,
wie sie *Cohnheim* in dem Nervengeflecht der Hornhaut beschreibt,
konnte ich hier nirgends auffinden.

Das Verlaufsgebiet dieser blassen Fasern ist ein ausserordentlich
weites und eine einzelne Fibrille oft durch mehrere Gesichtsfelder
zu verfolgen; ihre Verlaufsrichtung ist eine wesentlich geradlinige
und sind dabei nur leichte, von Zeit zu Zeit auftretende Schlän-
gelungen oder ein allmäliges Aufbiegen in ein höher gelegenes
Niveau, ein Ueberschreiten und Durchflechten einer Capillargefäss-
masche zu bemerken. Die Zahl dieser marklosen Fibrillen wird in
ihrem weiteren Verlaufe durch das Capillarnetz nach oben eine ausserordentlich grosse, so dass die Summe dieser intracapillären und unmittelbar unter dem Epithel befindlichen Fasern jene der in den eintretenden Stämmen vorhandenen um ein Vielfaches übertrifft. Selbst-
verständlich ist ihre *Anzahl in den einzelnen Regionen der Bindehaut
wieder eine sehr verschiedene*, mitunter eine verhältnissmässig geringe

so dass eine directe Zählung und Verfolgung der einzelnen Elemente bis zu ihrer Endigung mit Leichtigkeit vorgenommen werden könnte. Das in Fig. IV. gezeichnete Präparat ist der Conjunctiva bulbi der Taube entnommen und gibt eine Darstellung einer mit einer mittleren Menge von Fasern ausgestatteten Bindehautpartie.

Indem also die einzelnen stärkeren Fibrillen unter fortwährender Theilung weite Strecken durchlaufen und die dadurch entstehenden Seitenäste dasselbe Verhalten wiederholen, entsteht ein sehr dichtes Geflecht stärkerer und feinster blasser Fasern, die allmälig durch die Capillargefässschicht nach oben unmittelbar unter das Epithel gelangen. Dabei ist zu bemerken, dass eine Verschmelzung der über einander weggehenden Fasern im Sinne einer eigentlichen Netzbildung nirgends wahrgenommen wird. Manche Bilder repräsentiren zwar den Anschein einer solchen, allein bei Anwendung stärkerer Vergrösserung gelingt es immer, die vorhandene Niveaudifferenz resp. das Getrenntbleiben der Fasern nachzuweisen. Die feinen, direct unter dem Epithel befindlichen Fibrillen haben selbst wieder ein beträchtliches Verlaufsgebiet, geben selbst wieder unter spitzigen Winkeln unendliche feine Aestchen ab und hören schliesslich dicht unter dem Niveau der untersten Zellenlage auf, worüber man sich an den vom Epithel befreiten Präparaten, an die sich die bisherige Beschreibung hielt, leicht an den hie und da zurückgebliebenen Zellen orientiren kann.

Es handelt sich nun vor Allem darum, die eigentliche Endigung dieser feinsten Fäserchen und zwar insbesondere ihr Verhalten zum Epithel zu ermitteln. Um bei grösseren Thieren die für das Studium dieser Verhältnisse geeigneten Präparate zu gewinnen, ist es nöthig, die tieferen Gewebsschichten mit der Scheere abzutragen, bevor man die Objecte an's Licht bringt; ich legte dabei dieselben theilweise auf die Epithelseite und hatte so den Vortheil, sie zur Herstellung einer ordentlichen Vergoldung nicht allzu lange der Sonne aussetzen zu müssen, wodurch das Epithel selbst allzu stark gefärbt wird. Es hat übrigens auch unter Beobachtung aller dieser Vorsichtsmassregeln die Färbung der letzten Ausläufer des eben beschriebenen subepithelialen

Geflechtes ihre grossen Schwierigkeiten und bei einigen der von mir untersuchten höheren Thiere ist sie geradezu unmöglich, was ich auf Grund vieler missglückter Versuche wohl behaupten darf. Es gelang mir z. B., wie früher bemerkt, beim Kaninchen nicht, die subepitheliale Nervenausbreitung weiter als bis zu den gröberen Achsencylindern darzustellen; schon diese waren ausserordentlich blass und ganz ungenügend gefärbt und hörten inmitten der unteren Capillarmaschen plötzlich auf.

An gelungenen Präparaten dagegen beobachtet man folgendes Verhalten: Bringt man dieselben, mit der epithelialen Schicht nach oben, unter das Mikroskop, so erblickt man mit den schwächeren Vergrösserungen bis zu 350 in der äusserst klar hervortretenden Mosaik der Epithelzellen die Endigungen der Fasern selbst mit dem sicheren Anscheine, als hörten dieselben *innerhalb* der Zellenlage auf. Die Endigung selbst ist entweder in einer leichten knopfförmigen Anschwellung oder in einem einfachen Auslaufen der Fäserchen mit dem in der letzten Strecke ihres Verlaufes vorhandenen Caliber gegeben. Dass die Enden nicht auf der freien Oberfläche des Epithels und ebensowenig zwischen den obersten Zellenlagen liegen, wie es bei der Hornhaut der Fall ist, ist auch bei den schwächeren Vergrösserungen des Objectes ausser Zweifel gestellt; dieselben scheinen sich einfach in den tieferen Schichten des Epithels zu befinden und ist dabei nur hervorzuheben, dass sie eine grössere Feinheit als die entsprechenden Ausläufer der Hornhautnerven besitzen.

Nimmt man dagegen stärkere Vergrösserungen von 450, 600, 800 zu Hülfe, so gelangt man bald zu einer anderen Ansicht des Verhaltens dieser Ausläufer. Eine Zellenlage nach der anderen, von oben her zur Einstellung gebracht, erweist sich frei von den zuerst in ihr gesehenen Nervenendigungen und erst dann, wenn die vorher klar entworfene Zeichnung der tiefsten Zellenlage bei weiterem Gebrauch der Schraube anfängt, sich in Zerstreuungskreisen zu präsentiren, erhält man die deutliche Ansicht der Nervenenden, bezüglich deren Form und Caliber das oben Gesagte seine Geltung behält. Ein solches Verhalten veranschaulicht die in Fig. VI entworfene Zeichnung, die ein dem

Frosche entnommenes Präparat darstellt und zu der ich nur bezüglich der Dickendimension der Faser bemerken muss, dass bei dem
genannten Thiere alle Fasern, von den doppeltcontourirten der
gröberen Stämme an bis zu den feinsten Achsencylindern einen
wesentlich stärkeren Durchmesser darbieten, als er bei anderen Thieren
gegeben ist. Das Auslaufen der terminalen Fäserchen in ein (ovales)
Knöpfchen fand ich am regelmässigsten in den von der Taubenconjunctiva gefertigten Präparaten, die sich überhaupt immer am
schönsten färbten, dann beim Frosche etc.

Obwohl nun durch eine genaue Beobachtung der bei der Flächenansicht gehabten jeweiligen Einstellung mir die Frage nach dem Orte
der eigentlichen Nervenendigung bereits gelöst war, unternahm ich es
trotzdem, an einer sehr grossen Anzahl feiner Querschnitte mich
über die Richtigkeit der gewonnenen Meinung zu versichern. Ich
wählte zur Anfertigung derselben anfangs das von *Cohnheim* bei
der Hornhaut angewendete Verfahren des Einschmelzens der Präparate
in Paraffin, kam jedoch bald davon zurück, indem die Objecte durch
die vorher nöthige Austrocknung in Alcohol zu sehr schrumpften
und nachdunkelten. Mir bewährte sich am besten das Einlegen des
gewässerten Präparates zwischen zwei Korkplatten, wobei ich zur
Führung des Messers eine Stativloupe von kurzer Brennweite zu Hülfe
nahm. An keinem der ausserordentlich zahlreichen von mir untersuchten
reinen und dünnen Querschnitte, die ich in Glycerin aufhellte, gelang es
mir je, *zwischen den Epithelzellen selbst* eines der oben beschriebenen
Nervenenden zu entdecken, während ich sehr natürlich oft Gelegenheit
hatte, hart unter den tiefsten Epithelzellen, an deren Grundfläche
eng sich anschmiegend, feinste Faserfragmente in den Schnitten aufzufinden.

Erwähnen will ich hier noch, dass ich *einmal* an einem Flächen-
präparate der Taubenconjunctiva, dessen epithelialer Ueberzug vielfache Lücken und Abstreifungen zeigte, ein Fäserchen fand, das über
einige tiefstgelegene Epithelzellen weglief und auf einer derselben mit
einer knopfförmigen Anschwellung endigte, -gerade an einer Stelle,
wo auch noch eine höhere, völlig unversehrte Lage von Epithelzellen

vorhanden war. Da diese Stelle bis zur Anfertigung der Zeichnungen allzusehr nachgedunkelt hatte und unkenntlich geworden war, so konnte sie nicht mehr zur bildlichen Darstellung verwendet werden.

Im Uebrigen kann ich auf Grund der oben mitgetheilten Beobachtungen, wie ich sie sowohl an Flächenpräparaten mit Hülfe starker Vergrösserungen, von 450 an, als auch an guten Querschnitten gemacht habe, die Behauptung aufstellen, dass *die Endigungen der conjunctivalen Nerven, soweit sie zunächst aus den feinsten Achsencylindern des subepithelialen Plexus hervorgehen, unmittelbar unter der tiefsten Zellenlage des Epithels gefunden werden.*

Mit dieser einschränkenden Zwischenbemerkung bietet sich zugleich die schicklichste Gelegenheit, auf das, was ein früherer Beobachter, *W. Krause* über anderweitige, von ihm in der Bindehaut entdeckte Nervenenden, die sogenannten „Endkolben" angegeben hat, zurückzukommen. Als ich zu Anfang meiner Untersuchung vor Allem frische Präparate durchmusterte, richtete sich mein Augenmerk darauf, ob noch bei anderen, als bei den von *Krause* namhaft gemachten Thieren die von ihm beschriebenen nervösen Endorgane sich fänden. Nachdem ich jedoch nicht dazu kommen konnte, denselben eine allgemeinere Verbreitung zu vindiciren, gelang es mir später unter Anwendung der Goldmethode ebenso wenig, bei den von *Krause* genannten Thieren ein Weiteres über die Beschaffenheit der Endkolben zu erkunden, indem mir bei den zahlreichen Flächenpräparaten und Querschnitten, die ich zu diesem Behufe genau untersuchte, nicht ein einziger, durch die Goldreduction gefärbter Endkolben zu Gesicht kam. Dagegen fand ich einmal in einem Querschnittpräparate von der Conjunctiva des Frosches ein Gebilde, das ganz und gar einem Endkolben gleich sah und sich, ausser durch seine besondere Grösse, in seinen einzelnen Theilen dadurch sehr schön markirte, dass die Bindegewebshülle eine dunkle Farbe hatte, die Substanz des Innenkolbens selbst ganz schwach röthlich tingirt war, während die Terminalfaser diesen Farbenton in etwas stärkerer Weise zeigte.

2*

Es bedarf nach dem früher Gesagten wohl kaum mehr der besonderen Erwähnung, dass ich auch bei jenen Thieren, in deren Conjunctiva *Krause* die Endkolben auffand, in Bezug auf die subepitheliale Endigung ausserordentlich zahlreicher Fibrillen ganz dasselbe Verhalten constatirte, wie es oben im Allgemeinen beschrieben wurde und so kann es wohl keinem Zweifel unterliegen, *dass einmal bei der entschiedenen Mehrzahl der Thiere dieser Modus der Nervenendigung als der alleinige, bei jenen aber, für welche die Endkolben noch hinzukommen, jedenfalls als der hauptsächlichste wenigstens anzusehen ist;* denn nach den Angaben, die *Kölliker* in seinem Handbuche der Gewebelehre (5. Auflage pag. 104) über das Vorkommen der Endkolben in der Conjunctiva des Menschen macht, finden sich dieselben nur an dem Scleraltheile bis zur Umschlagsstelle, sowie an der Plica semilunaris, aber auch hier ist ihre Zahl eine verhältnissmässig minime und ihre Vertheilung eine ganz unregelmässige.

Was als Ausnahme über das Vorkommen von Paccinischen Körperchen in der Conjunctiva der Ente von *Krause* berichtet wird, kann hier ohnediess nicht weiter in Betracht kommen, indem dieselben einfach in Substitution der Endkolben auftreten.

Schliesslich erübrigt wohl kaum ein näheres Eingehen auf die von *J. Arnold* und *Kölliker* gemachte Angabe über ein terminales Netz blasser Fasern; alle hiefür in Betracht kommenden Verhältnisse haben durch meine oben gegebene Beschreibung über das Vorhandensein eines subepithelialen Geflechtes und *freier Endigungen* ihre Würdigung bereits gefunden.

Was den Gebrauch der Bezeichnung „subepitheliales Geflecht" für die ganze Summe der blassen Fasern von ihrer Entstehung an bis zu ihrer Endigung betrifft, so habe ich diesen Collectivbegriff für dieselbe desswegen gewählt, weil ihr ganzes Verlaufsgebiet auf dem Querschnitte betrachtet, ein so gedrängtes ist und andererseits eine entschiedene Trennung eines intracapillären von einem subepithelialen Geflechte sensu strictiori mir mit Rücksicht auf die Stärke der jedes einzelne constituirenden Fasern unthunlich erschien, indem eine scharfe Scheidung hier in der Natur nicht gegeben ist. —

Nachdem wir nun in dem Vorausgehenden die conjunctivalen
Nerven in ihrem ganzen Verlaufe, von ihrem Eintritt in das Gewebe
an bis zu ihrer Endigung unmittelbar unter den tiefsten Zellen der
Epithelschicht verfolgt haben, wollen wir hier eine kurze ver-
gleichende Betrachtung ihres Verhaltens mit jenem der Nervenausbreitung in der *cornealen* Bindehaut anreihen. Die Conjunctiva
der Hornhaut differenzirt sich bekanntlich in zwei Theile, die
epitheliale Schicht und eine darunter befindliche Gewebslage von
homogener Beschaffenheit, das sogenannte Stratum Bowmanni, die
zwar bei den verschiedenen Thieren nicht die gleiche anatomische
.Selbstständigkeit besitzt, aber doch in allen Fällen gewisse Struc-
turdifferenzen der Cornea propria gegenüber darbietet. Der für
uns nun in Betracht kommende Theil der der Hornhaut angehörigen
Nervenausbreitung beginnt mit den „durchbohrenden Aesten", wie
jene Faserbüschel genannt werden, die aus dem oberflächlichsten
Plexus des eigentlichen Hornhautgewebes kommend, in senkrechter
oder schräger Richtung die lamina elastica anterior perforiren, um
diesseits derselben ein ebenso regelmässiges als reiches Netzwerk
blasser Fasern aus sich entstehen zu lassen. Die durchbohrenden
Stämme der Hornhautnerven bestehen nämlich bereits durchweg aus
Fasern, denen die Markscheide fehlt, und angelangt an der unteren Gränze
des Epithels, zeigen sie eine plötzliche spitzwinklige Umbiegung,
aus deren Scheitel heraus eine ausserordentlich zierliche Ausstrahlung
feinster Achsencylinder statt hat. In der Hornhautmitte zeigt diese
Ausstrahlung den Charakter der Divergenz, während in der daran
sich anschliessenden, weitaus den grössten Theil des Hornhautumfanges
einnehmenden mittleren Zone ein entschiedener Parallelismus und in
der schmalen, peripherischen Partie ein weniger regelmässiges Verhalten sich findet, welches letztere beim Frosch in der ganzen
subepithelialen Ausbreitung beobachtet wird. Aus diesen Ausstrah-
lungen, oder „Nervenfächern", wie *Cohnheim* sie nannte, entwickelt
sich nun durch zahlreiche Theilungsäste und Verbindungsfäden ein
ausserordentlich dichtes und reiches Netz resp. Gitter, aus welchem
die einzelnen für das Epithel bestimmten Fasern nach oben abgehen.
Alle diese, den Nervenfächern angehörigen Fasern, insbesondere die

stärkeren, zeigen einen langen Verlauf, sind meist leicht wellig geschlängelt, vielfach varicös und frei von aufgelagerten Kernen. Ihre
weitere Fortsetzung nach vorne beginnt mit einem rechtwinkeligen
Aufbiegen der einzelnen Fibrillen, die entweder ungetheilt, einfach
senkrecht in das Epithel verlaufen, oder während dieses Durchtrittes
sich verzweigen, alle aber in den obersten Zellenlagen wieder recht-
winkelig umbiegen, um nach einem kurzen Weitergehen in dieser
Richtung, während dessen eine letzte Theilung in mehrere End-
fädchen noch zu Stande kommt, mit einer leichten, knopfförmigen
Anschwellung zu endigen.

Das *Abweichende* der ganzen Nervenausbreitung in der Conjunctiva Corneae von der in der Conjunctiva sensu strictiori liegt
demnach bei ersterer, abgesehen von der *ungleich grösseren Anzahl der
constituirenden Elemente* in der Bildung eines subepithelialen *Netzes*
sowie in der *Regelmässigkeit seiner Form*, wie sie durch die Fächer-
bildung gegeben ist, und endlich im *Verhalten der eigentlichen Endigungen zum Epithel;* das *Gemeinsame* dagegen in der *freien Endigung*
der Nerven, wie sie an Stelle der früher angenommenen Endnetze
immer häufiger constatirt wird und in dem *schliesslich queren Verlaufe der Endfäden*, wodurch der Modus der Aufnahme und Weiter-
leitung der äusseren Eindrücke sich ziemlich identificiren dürfte. —

Vom physiologischen Standpunkte entspricht der Nachweis einer
so ausserordentlich reichen und dichten Endausbreitung blasser Fasern
in der Conjunctiva, namentlich ihres Verhaltens zum Epithel vollständig
den anatomischen Forderungen zur Erklärung der bekannten überaus
grossen Sensibilität der Bindehaut und dürfte bezüglich des beim
Menschen und einigen Thieren gegebenen gleichzeitigen Vorkommens
von anders beschaffenen Endapparaten der sensiblen Nerven d. h. von
Endkolben eine vollständige Analogie in der Verschiedenheit der
Endigungen der Hautnerven, wie sie neuerdings durch die Arbeiten
von *Langerhans* (Virchow's Archiv 44. Bd. 2. und 3. Heft pag. 325)
und *Eberth* (Untersuchungen zur normalen und pathologischen Ana-
tomie der Froschhaut 1869) sich herausgestellt hat, geboten sein.

Erklärungsversuche für die Bedeutung und den Zweck der einen und der anderen Art von Nervenendigungen hier zu geben, will ich nicht wagen und möchte ich in dieser Beziehung nur an die Verschiedenheit der von den conjunctivalen Nerven aufzunehmenden Eindrücke, wie sie bezüglich des Gemeingefühles (Schmerz, Kitzel etc.) einerseits und der Tastempfindungen (Temperatur, Druck etc.) andererseits gegeben ist, erinnern; nach *Kölliker's* Meinung indessen (Handbuch der Gewebelehre 5. Auflage pap. 112) dürften die Leistungen dieser verschiedenen Endapparate nur in quantitativen Unterschieden auseinandergehen. —

Ueber die Nerven der Sclera.

—◦◦◦—

Im Anschlusse an die eben mitgetheilte Arbeit unternahm ich ebenfalls mit Anwendung der Goldimprägnation die Untersuchung der *Innervationsverhältnisse* in der *Faserhaut* des Auges. Die Literatur dieses Themas ist eine ausserordentlich dürftige, indem einerseits nur wenige Abhandlungen darüber vorliegen, andererseits aber die betreffenden Untersuchungen mit Hülfe so wenig fördernder Methoden, in specie für die Erforschung des feineren Verhaltens der Faserhautnerven ausgeführt wurden, dass bei den Schwierigkeiten, welche die Beschaffenheit des Objectes darbietet, ihr mehr negatives Resultat nicht Wunder nehmen lässt. Denn dass die Sclera als Trägerin gewissermassen einer grossen Anzahl von Nerven, insbesondere der für den musculus ciliaris bestimmten, angesehen werden müsse, ist schon lange bekannt, und so konnte der Nachweis von Eigennerven der Faserhaut nicht da schon als geliefert erachtet werden, wenn es gelang, feinere Stämmchen und mehrfache Verzweigungen dunkelrandiger Fasern in ihrem Gewebe aufzufinden, sondern vielmehr erst dann, wenn die Untersuchung ein Aufhören der Faserelemente in irgend einem der gegenwärtig bekannten Endorgane der Nerven, sei es in einer blassen Faser, einem Endkolben oder dergleichen zu constatiren vermochte.

Bochdaleks bereits im Jahre 1849 in der Prager Vierteljahrs-schrift für praktische Heilkunde (6. Jahrgang pag. 119) erschienene Abhandlung über die Nerven der Sclerotica enthält zwar eine Beschreibung über ein reiches Geflecht der in das Gewebe der Faserhaut eintretenden Nerven und über vielfache Theilungen der Stämme innerhalb derselben, allein auch seine mikroskopische Abbildung beschränkt sich darauf, das Abbrechen der feinsten Zweige doppeltcontourirter Fasern zu zeigen und ebenso erwähnt er ausdrücklich; dass die grösseren, mit einem ungemeinen Aufwand von Mühe und Geduld von ihm mit Messer und Pincette isolirten Stämmchen nach einem kürzeren oder längeren Verlaufe im Gewebe, in sehr schiefer Richtung die innerste Schicht der Faserhaut durchbohrend, schliesslich an deren innere Fläche träten und dort ein mit der Loupe deutlich sichtbares Geflecht bildeten, aus welchem eine grössere Anzahl von Stämmen in der Richtung gegen das ligamentum ciliare hervorgehe, eine geringere Summe von Fäden aber in die Substanz der Aderhaut sich einsenke. Bezüglich der mikroskopischen Untersuchung dieser Verhältnisse hebt *Bochdaleck* vor Allem die Hindernisse hervor, die sich ihm theils in dem vielfach in das Gewebe eingesprengten Pigment, theils in der Anordnung des ersteren und in der lockeren Verbindung der einzelnen Fasern der Nervenzweige darboten. Um der Pigmentirung auszuweichen, wählte *Bochdaleck* zur Untersuchung die Sclera albinotischer Kaninchen und Mäuse, die er in käuflichem Essig macerirte und deren Gewebe er auf diese Weise mit Ausnahme der Nerven vollkommen durchsichtig erhielt; dass er dabei trotzdem nur bis zu den Endigungen der doppeltcontourirten Fasern vordrang, ist bereits oben erwähnt worden.

Nach dem Vorgange *Bochdalek's* wurden diese Verhältnisse untersucht von *Kölliker*, *Luschka* und *Arnold*; die genannten Forscher konnten sich jedoch nicht davon überzeugen, dass die von *Bochdaleck* beschriebenen Nerven etwas anderes als lediglich durchlaufende Stämme seien, die ihre eigentliche Endigung in dem musculus ciliaris fänden.

Bekanntlich ist die Faserhaut des Auges anzusehen als eine Ausstülpung der dura meninx und in letzterer sind von verschiedenen Histologen, wie *Arnold*, *Luschka*, *Purkinje* eine Anzahl von Nerven nachgewiesen, die allerdings ihrer Verlaufsrichtung im Allgemeinen nach mehr für die Hirngefässe, die Schädelknochen und die grossen Blutleiter bestimmt zu sein scheinen *(Külliker)*, von denen jedoch die eigentlichen Enden durchaus unbekannt sind. Vielleicht dürften sie, theilweise wenigstens, eine andere Bestimmung haben und auf diese Weise eine Analogie zu den bezüglich der Eigennerven der Sclerotica von mir ermittelten Verhältnissen darbieten. —

Meine ersten Versuche stellte ich an der Sclera des Frosches an und beobachtete dabei folgende Präparationsmethode: Nachdem ich mit einem Rasirmesser die Hornhaut abgetragen und hierauf die Contenta des Bulbus möglichst vollständig mit wenigen Griffen der Pincette entleert hatte, enucleirte ich das Auge und trug sodann die Muskelstümpfe und das retrobulbäre Fett ab. Die Behandlung von Seite der Goldlösung war ganz dieselbe wie bei der Conjunctiva und wandte ich nur, in Anbetracht der Dicke des Präparates den Zeitraum von $1\,^1/_2$ Stunden behufs einer durchgängigen Einwirkung an. Nach der Abspülung in destillirtem Wasser wurden die noch vorhandenen Reste von Fett, Muskel- und Sehnengewebe sorgfältig entfernt, die Sclerakapsel durch mehrere radiäre Schnitte gespalten und das Präparat nun, zur flächenhaften Ausbreitung möglichst geeignet, in das directe Sonnenlicht gebracht. Als ich nach mehreren Stunden das erste Object, welches kaum einen zarten Rosaton um die Eintrittsstelle des Sehnerven angenommen hatte, sonst aber graugelb erschien, unter die Loupe brachte, nahm ich, ausgehend von dieser Stelle fünf bis sechs gröbere, schön gefärbte Nervenstämme wahr, die nach einer zwei- bis dreimaligen Theilung circa in der Aequatorgegend des Bulbus aufhörten. Ich brachte das Präparat, das ich ununterbrochen im Wasser gehalten hatte, wieder zurück an das Licht und fand nun nach circa 24 Stunden an demselben eine mehr weniger gleichmässige, schwach violette Farbe, und bei der Betrachtung mit stärkerer mikroskopischer Vergrösserung eine so zierliche und reiche Nervenausbreitung, dass ich wahrhaft davon überrascht war. Die an dem vorhergehenden Tage circa am Acquator bulbi abgebrochenen Stämmchen waren durch eine äusserst saubere Goldreduction weithinaus in dem nur wenig gefärbten Grundgewebe fortgesetzt, gaben dabei vielfache Zweige ab und schliesslich sah man unter und zwischen diesen grösseren und gröberen Verästelungen eine ausserordentlich reiche Zahl von langgestreckten, sich in engen und weiten Maschen durchflechtenden blassen Fasern, die sich selbst wieder ausserordentlich häufig theilten. Nach rückwärts verfolgt liess sich allenthalben ihr Zusammenhang mit den doppeltcontourirten Fasern nachweisen. Die Ausbreitung der gröberen, durchgehends aus doppeltcontourirten Fasern bestehenden Stämme liess sich ungefähr bis zur Mitte des von dem Aequator bulbi und der Insertionsebene der geraden Augenmuskeln begrenzten Gebietes und darüber hinaus verfolgen; ebenso wie in der mittleren und hinteren Partie der ganzen Flächenansicht zeigte sich hier vorne die reiche Verflechtung und Verästelung der Achsencylinder. Um die Eintrittsstelle des Sehnerven herum präsentirte sich ein kreisförmig gewundenes Geflecht von 5—6 Nervenstämmen, aus welchem die ganze, eben geschilderte Ausbreitung hervorging; dasselbe lag in dem lockeren subscleralen Gewebe und unter der Loupe liess sich mit Hülfe von Nadeln leicht die Stelle, wo die Stämme zu ihrer Ausstrahlung in das eigentliche Faserhautgewebe eintraten, nachweisen.

Ich fertigte nun zuerst von einem Theile des Präparates feine Längsschnitte und beobachtete an denselben folgendes Verhalten: Sich eng anschliessend an eine nach Innen gelegene, leicht rosafarbene Knorpellage mit ausserordentlich klar und schön gezeichneten Zellen zeigte sich die Bindegewebsschicht in einer mehr schwarzgrünen Farbe, aus festgeschlossenen, parallelen und darauf senkrecht stehenden Faserzügen aufgebaut, an die sich nach Aussen mit vollkommen scharfer Gränze die umspinnende, lockere, bindegewebige Hülle ansetzte. Die Bindegewebs- und Knorpelschicht, an den durch die ganze Länge des Präparates geführten Schnitten betrachtet, zeigte sich an verschiedenen Stellen verschieden dick. Die

Knorpelschicht war am hinteren Pol des Augapfels am stärksten und nahm nach Vorne ziemlich rasch ab, um kurz vor der Insertions-ebene der geraden Muskeln mit einem abgerundeten Rande zu enden; die Bindegewebslage zeigte bezüglich ihrer an den verschiedenen Stellen verschiedenen Dimension ein gerade umgekehrtes Verhalten. An dem knorpeligen Theile fand sich dabei ein durchaus gleich-artiges Gefüge, nirgends eine Unterbrechung oder eine Durchtritts-stelle für Gefässe und Nerven, während in dem bindegewebigen Stratum diese letzteren mit der gleichen Sauberkeit und Eleganz wie an den Flächenansichten sich präsentirten. An den hinteren Partieen der Längsschnitte sah man die gröberen Stämme und doppeltcon-tourirten Fasern und gegen Vorne, bis zum Aufhören der Knorpel-lage nnd *darüber hinaus*, die feinen, leicht blauviolett gefärbten Achsencylinder, oft in weiter Ausdehnung entweder gerade oder leicht geschlängelt verlaufen. Sie zeigten stellenweise eine leichte varicöse Anschwellung und hinsichtlich ihrer Verlaufsrichtung war zu be-merken, dass sie allmälig zu der Grenzlinie der Bindegewebs- und Knorpellage hinstrebten.

Um nun mit Hülfe von starken Vergrösserungen auch die Flä-chenpräparate untersuchen zu können, entfernte ich mit ausgiebigen, flachen Messerzügen die Knorpelschicht, so jedoch, dass eine dünne Restlage derselben zum Zwecke der Orientirung und vor Allem aus dem Grunde erhalten blieb, um vollkommene Sicherheit darüber zu haben, dass von dem Bindegewebsstratum nichts hinweggenommen worden sei. An den so hergestellten Objecten nahm ich nun folgendes Ver-halten wahr: Die gröberen Nervenstämme, allenthalben aus etwas distanten doppeltcontourirten Fasern bestehend, zeigten nach mehr-maliger Theilung und bei einem sie allmälig nach vorne führenden Verlaufe überall den entschiedensten Zusammenhang mit den vorhin schon erwähnten langgestreckten Achsencylindern, in welche sie in der Weise übergingen, dass die letzten aus zwei doppeltcontourirten Fasern bestehenden Stämmchen an der Stelle der Theilung das Mark verloren. Dieses Abbrechen der Markscheide konnte allenthalben mit aller nur wünschenswerthen Sicherheit nachgewiesen werden und

ebenso auch der allmälig gegen die Gränzebene der Bindegewebs- und
Knorpelschicht hinstrebende Verlauf der blassen Fasern durch die
Verschiedenheit der Einstellung. Durch fortwährende Theilung er-
fuhren die Achsencylinder eine rasche Zunahme ihrer Zahl, ganz in
demselben Verhältniss, wie es bei der Beschreibung des subepithelialen
Plexus der Conjunctiva dargelegt wurde. Die Fasern wurden immer
feiner und feiner und schliesslich hörten sie nach langem Verlaufe
mit unendlich geringem Durchmesser in der Substanz des Faserhaut-
gewebes, sehr nahe der Knorpellage auf. Auf ihrem Wege sich vielfach durchkreuzend, aber nirgends mit einander verschmelzend, bildeten sie also ein eigentliches Geflecht; ihr Ende markirte sich nicht
durch eine Durchmesserzunahme, sondern vielmehr durch eine Ab-
nahme desselben, indem sie einfach spitz zuliefen. Während ihres
ganzen Verlaufes zeigten sie sich vielfach in Berührung mit den
zahllosen, in die Faserzüge eingestreuten Bindegewebskörperchen,
aber nirgends war, trotz der genauesten Untersuchung, ein Zusammenhang dieser Endigungen mit den Ausläufern derselben zu constatiren. Zu Fig. VIII, welche in der That ein treues Abbild der
hier geschilderten Verhältnisse sowohl bezüglich des Verhaltens der
gröberen Stämme, wie jenes der Achsencylinder genannt werden kann,
möchte ich nur bemerken, dass die beiden in dem gezeichneten Gesichtsfelde endigenden Fibrillen einen ausnahmsweise sehr kurzen
Verlauf haben.

Wie es mir nun geglückt war, sogleich an der Hand der ersten
Präparate einen so vollkommenen Aufschluss über die Innervationsverhältnisse der Froschsclera zu erhalten, so zeigte sich an einer
ganzen Reihe weiterer Versuche wieder die Launenhaftigkeit und Un-
zuverlässigkeit der Goldmethode. Trotz aller Sorgfalt und Vorsicht
gelang es mir unter circa 30 Fällen kaum ein oder das andere
Mal, von den Nerven der Sclera desselben Thieres dieselben schönen
Goldbilder zu erhalten. Entweder kam gar keine Nervenfärbung zu
Stande, was gewöhnlich der Fall war, wenn wenige Stunden nach
der Einwirkung des Lichtes das ganze Präparat gleichmässig violett
wurde oder es zeigten sich in den meisten Fällen nur die groben
Stämme des hintersten Theiles vergoldet.

Wie für die Nerven der Conjunctiva zeigte sich auch für die der
Sclera die $^1/_2$procentige Chlorgoldlösung am geeignetsten und die mehrere
Tage hindurch stattfindende Einwirkung des directen, kräftigsten Sonnenlichtes ebenso unerlässlich für das Zustandekommen einer schönen
Vergoldung, wie eine minutiöse Reinigung der Aussenfläche des Präparates von Fett, Muskel- und Bindegewebe, da sonst durch die zuerst
eintretende Färbung dieser obenauf liegenden Theile die Reduction in
den tieferen Schichten verhindert wurde. Ebenso nöthig war das
mehrmalige Einschneiden der Faserhautkapsel vom Hornhautrande her,
um eine ordentliche Ausbreitung des Präparates bewerkstelligen zu
können, sowie das Obenauflegen der Bindegewebsschicht bei Einwirkung
des Lichtes.

Was die gesammte Ausdehnung des geschilderten Nervennetzes
betrifft, so findet man die Enden der am weitesten nach vorne verlaufenden Achsencylinder in geringer Entfernung vom Cornealrande,
aber immer lassen sich die ersteren in dem Gewebe der Sclera selbst
nachweisen; ebenso leicht gelingt diess in den hinteren und mittleren
Partieen, die von meist schräg und quer verlaufenden Fibrillen versorgt werden, so dass also von Fasern, die hier nur auf ihrem Wege
zu anderen Theilen des Auges, der Cornea, Conjunctiva, Iris, dem Musculus Ciliaris, der Chorioidea etc. angetroffen würden, nicht im Entfern-
testen die Rede sein kann, wovon ich mich bezüglich der ersten drei
Gebilde direct an Flächenpräparaten, bezüglich der übrigen aber auch
noch dadurch überzeugen konnte, dass ich an einer ausserordentlich
grossen Zahl von Längsschnitten nirgends eine in die Knorpelschicht
eindringende Nervenfaser aufzufinden vermochte. Es dürfte indessen
schon der erste Blick auf das ganze Bild der Nervenausbreitung die
Vermuthung, als handle es sich hier 'nur um durchtretende Fasern,
zurückweisen, indem die Art und Weise der Vertheilung, wobei
in den hinteren und mittleren Partieen die groben Stämme, durch-
flochten von schräg und querlaufenden Achsencylindern, sich finden,
in den vorderen aber nur blasse Fasern, eine ganz und gar nur den
Eigennerven eines Organtheiles zukommende ist.

Mein weiteres Streben ging nun zunächst dahin, dem Ursprunge
der in die Sclera eintretenden Stämme nachzuforschen. Da meine

ersten desfallsigen Versuche mich von der Unbrauchbarkeit der Goldmethode überzeugten, so wendete ich die Ueberosmiumsäure an. Nach
Abtragung der Hornhaut und vollständiger Entleerung des Bulbus
schnitt ich ringsum den Bindehautsack ein und entfernte sodann
mit einer starken, spitzen Scheere das obere Dach der Augenhöhle
und einen Theil der oberen Schädelwand, wonach sich mit leichter
Mühe die entsprechenden Gehirntheile mit dem nervus opticus
und dem Chiasma auffinden liessen. Den hinteren Trennungsschnitt
führte ich hart vor der Sehnervenkreuzung aus, löste sodann den
n. opticus von der Schädelbasis und dem Boden der Augenhöhle mit
Pincette und Scheere ab, und brachte das Ganze in eine $1^1/_2$pro-
centige Ueberosmiumsäurelösung, worin ich es 24 Stunden und darnach
die gleiche Zeit in destillirtem Wasser beliess. Die weitere, eine
ausserordentliche Zeit und Geduld in Anspruch nehmende Präparation
geschah unter der Loupe. Trotz mehrmaliger Wiederholung des
ganzen Versuches gelang mir indessen nur der Nachweis, dass in
dem äusseren Theile der mit dem nervus opticus nach Vorne laufenden Bindegewebsscheide 4—5 entsprechende Stämmchen sich finden,
die in der unmittelbaren Umgebung des Sehnerveneintrittes die früher
beschriebene kreisförmige Durchschlingung bilden und hierauf in das
eigentliche Scleralgewebe eindringen, woselbst sie bis zu den ersten
Theilungen verfolgt werden können. Dass es sich hier um die
bereits an den Goldpräparaten beschriebenen Stammtheile der Eigennerven für die Sclera handelt, kann somit nicht dem geringsten
Zweifel unterliegen. Den eigentlichen Ursprung derselben, nach hinten
zu verfolgt, konnte ich jedoch nicht entdecken und so will ich nur
anführen, dass die besagten Nervenstämmchen ihren der Achse des
nervus opticus parallelen Lauf weit hinten beginnen und also in sehr
geringer Entfernung von den Centraltheilen schon selbstständig vorhanden sind. — Zur Aufhellung der in Wasser gefertigten Präparate
verwendete ich das Glycerin.

Nachdem ich bei der Sclera des Frosches zu den eben mitgetheilten Resultaten gekommen war, dehnte ich meine Untersuchung
auch auf die der Vögel und jener kleinen Säuger aus, deren Faser-

haut mir zart und durchsichtig genug schien, um die Goldmethode
überhaupt auf sie anwendbar zu finden.

Bei der Taube und beim Huhn fand ich, dass in sehr kurzer
Zeit die Sclera eine tiefe, wunderschöne Purpurfarbe annahm, in
ihrem Gewebe jedoch keine Spur von Nerven, die man als analog
der beim Frosch beschriebenen Ausbreitung hätte ansehen können,
zeigte. Nur von der Insertionsebene der geraden Augenmuskeln be-
ginnend, wurden im ganzen Umfang der Faserkapsel nach Vorne
verlaufende Stämmchen sichtbar, die aber wegen des Mangels jeder
Theilung, sowie wegen ihres ganzen Verhaltens lediglich als Passanten,
welche zu dem Musculus ciliaris, der Iris, Cornea etc. hinstrebten,
betrachtet werden mussten. Ein gleiches Schicksal hatte ich bei der
Sclera der Maus und der Ratte, bei welchen Thieren noch ausserdem
durch die vielfachen innigen Verbindungen zwischen Leder- und
Aderhaut die geeignete Herstellung des Präparates sehr erschwert
wurde. Auch hier indessen traten die vorderen Ausbreitungen der
Ciliarnerven mit aller Deutlichkeit hervor. Beim Versuche mit der
Sclera des Kaninchens wählte ich stets ein junges, albinotisches
Thier, und hier nun fand ich, ganz entsprechend dem Verhalten der
in die Froschsclera eintretenden Nerven eine *erste* Ausbreitung vollkommen derselben Art, und eine einmalige Theilung der Stämme,
die aber dann kurz abbrachen. Das ganze Bild dieser Ausbreitung war jedoch so typisch und übereinstimmend mit dem oben
beim Frosch beschriebenen, dass ich keinen Anstand nehme, letztere
entschieden als aus den Eigennerven der Faserhaut bestehend anzu-
sprechen, wie ich es ebenso wenig bezweifle, dass bei demselben Thiere
die conjunctivalen Nerven dicht unter dem Epithel enden, obwohl
mir ihre Vergoldung nur bis zu den stärkeren Achsencylindern gelang. Ausserdem aber liegt mit dem Nachweise einer so reichen
Nervenausbreitung in der Faserhaut des Frosches die Berechtigung
gewiss nahe genug, das Vorhandensein einer solchen *in allgemeiner
Weise* mehr als wahrscheinlich zu finden. Ueber ihre physiologische
Function *die* Erklärung zu geben, dass sie zur Perception des
intraocularen Druckes bestimmt sein dürfte, will ich mir natürlich

nur mit dem Vorbehalte einer etwaigen blossen Vermuthung ge-
statten.

Schliesslich erfülle ich die angenehme Pflicht, meinem Freunde,
Herrn Prosector Dr. *Hasse*, der mich zur Aufnahme der vorliegen-
den Untersuchung anregte und bei deren Ausführung vielfach
mit Rath und That unterstützte, meinen herzlichsten Dank auszu-
sprechen. —

Während die hier vorliegende Arbeit sich unter der Presse be-
fand, erschien in dem letzten (2. Hft. des 48. Bds.) Hefte des
Virchow'schen Archivs die Abhandlung von Dr. *II. Lipmann* in Berlin
„über die Endigungen der Nerven im eigentlichen Gewebe und im
hinteren Epithel der Hornhaut des Frosches", zu meinem Bedauern
zu spät, um auf ihren Inhalt, namentlich in dem ersten Theile meiner
Untersuchung eingehen zu können.

Erklärung der Abbildungen.

Fig. I. Stellt die Vertheilung der gröberen Nerven in der Bindehaut des Huhnes dar. Vergr. $\frac{2}{1}$ linear. Ueberosmiumsäurepräparat. Der in toto herauspräparirte Conjunctivalsaek ist an der äusseren Commissur c e durchschnitten und, nach Entfernung der membrana nictitans, mit der Rückseite nach oben, flächenhaft ausgebreitet. C i markirt die innere Commissur; die beiden oberen dunkeln Felder, in denen die Linien c p auslaufen, entsprechen der conjunctiva palpebrarum, e b bezeichnet die conjunctiva bulbi und n n die beiden Hauptnervenstämme, die natürlich in situ, wo sie zu dem Uebergangstheile der Bindehaut, f e, nahezu rechtwinklig hinstreben, gedacht werden müssen. Die Betrachtung der aus den Stämmen n n hervorgehenden Nervenausbreitung ergibt, dass weitaus der grösste Theil der für die Conjunctiva bestimmten Fasern am medialen Winkel des Bindehautsackes c i eintritt und ebenso veranschaulicht sie die Differenz in dem Nervengehalt des viseeralen und parietalen Blattes der Conjunctiva. Die Blutgefässe wurden aus dem Präparat zu dieser Figur, wie auch aus dem zur folgenden Fig. II sämmtlich entfernt.

Fig. II. Die obere Hälfte des Bindehautsackes, wie oben bei I. ausgebreitet, vom Frosche. Vergr. $\frac{8}{1}$ linear. Ueberosmiumsäurepräparat. C i bezeichnet wieder die commissura interna, an der sich eine reiche plexusartige Verbindung der zutretenden Nerven n n findet, e b die conj. bulbi, e p die conj. palpebr. und f e den fornix conjunctivae. Die Zeichnung demonstrirt einmal die schon bei Fig. I bemerkten Verhältnisse bezüglich des Nerveneintrittes und der Nervenvertheilung und veranschaulicht dann weiter die auf dem fornix selbst rittlings stattfindende Verzweigung der Nerven wie bei o. Das obere Feld enthält das durchscheinende Pigment der Oberhaut.

Fig. III. Ein Stück von der conjunctiva bulbi des Frosches, Vergrösserung $\frac{65}{1}$. Goldpräparat. Das Epithel ist allenthalben, mit Ausnahme einer Stelle am oberen Rande, die mit e e bezeichnet ist, abgestreift und soll die Abbildung das Verhalten der obersten markhaltigen Fasern darlegen.

Mit r v sind die Blutgefässe bezeichnet, mit n n ein noch aus mehreren markhaltigen Fasern bestehendes Nervenstämmchen, das sich trichotomisch in seine letzten markhaltigen Fibrillen theilt; die mit n markirten Fasern sind gleichfalls dunkelrandig und durch ihren geraden und nahezu parallelen Verlauf ausgezeichnet, e a dagegen ist eine jener blassen Fibrillen, die als solche mit den groben Gefäss - und Nervenstämmen zur Conjunctiva gelangt und schliesslich in das subepitheliale Netz blasser Fasern übergeht. Ihr oberes Ende liegt in verschiedenen Ebenen, was hier ausdrücklich bemerkt wird.

Fig. 4. Subepitheliales Nervengeflecht aus der Conjunctiva der Taube. Vergr. $\frac{450}{1}$. Goldpräparat.

Das Epithel ist entfernt. R v e bezeichnet das Capillargefässnetz, n (oben und unten in der Abbildung) zwei noch markhaltige Fasern, während die übrigen mit e a bezeichneten den blassen Fibrillen entsprechen.

Fig. V. Ein Schrägschnitt durch die Conjunctiva der Ratte. Vergr. $\frac{450}{1}$. Goldpräparat. u n ist ein aus mehreren dunkeln Fasern bestehendes Stämmchen, aus dem bei m, mit plötzlichem Aufhören der Markscheide, eine blasse Fibrille e a nach oben aufsteigt, um, unter dem Epithele, das schräg durchschnitten ist, angelangt, transversal weiter zu verlaufen.

Fig. VI. Präparat von der Conjunctiva des Frosches. Vergr. $\frac{650}{1}$. Goldpräparat. Stellt eine blasse, unmittelbar unter dem Epithel e verlaufende Faser e a mit ihrer knopfförmigen Endigung bei f dar. Das höher gelegene Epithel präsentirt sich nur undeutlich. In der Zeichnung ist die knopfförmige Anschwellung der Endigung durch ein Versehen nicht dargestellt.

Fig. VII. Ungefähr der 7. Theil der Froschsclera mit den darin verlaufenden Nerven. Vergr. ca. $\frac{50}{1}$. Goldpräparat. Bei o Eintrittsstelle des Sehnerven; n n sind die in die Faserschicht der Sclera eintretenden gröberen Nervenstämmchen. Nach rechts (vorne) ist das Präparat in der Insertionsebene der geraden Augenmuskeln abgeschnitten.

Fig. VIII. Flächenansicht der Verzweigung und Endigung der scleralen Nerven beim Frosche. Vergr. $\frac{450}{1}$. Goldpräparat. n n sind die groben, aus markhaltigen Fasern bestehenden Nervenstämme, m bezeichnet den Uebergang der markhaltigen Fasern in die Achsencylinder e a, deren Ende mit f markirt ist.

Fig. IX. Ein Längsschnitt durch die Froschsclera. Vergr. $\frac{300}{1}$. Goldpräparat.

p i bezeichnet die innere (Knorpel-)Lage, p e die äussere (Faser-)Lage der Sclera, in welcher letzteren sich die Faserzüge theils auf dem Längs-; theils auf dem Querschnitte präsentiren. n n ist ein Stamm markhaltiger Fasern, e a sind Achsencylinder mit einem deutlich gegen die innere Gränzebene der bindegewebigen Lage p i gerichteten Verlaufe.

F. E. Thein'sche Buchdruckerei in Würzburg.

cp

ce

ce

cb

cb

fc

ci

fc

nn

nn

Fig.II.

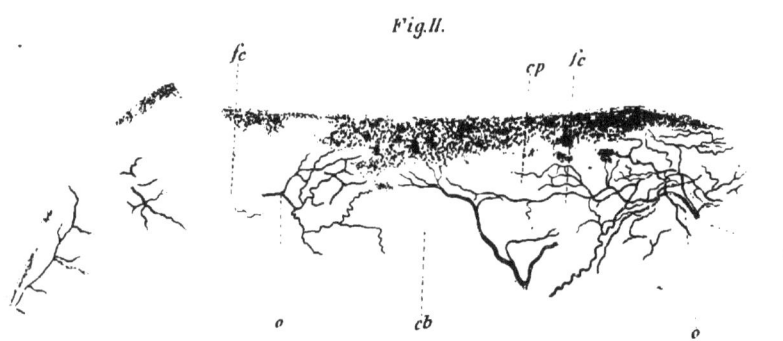

fc

cp *fc*

ci

o

cb

o

Fig.III.

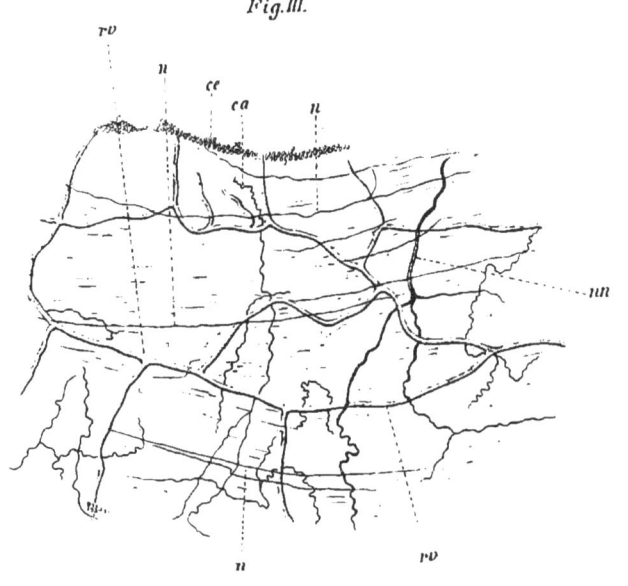

rv

n

ce *ca*

n

nn

n

rv

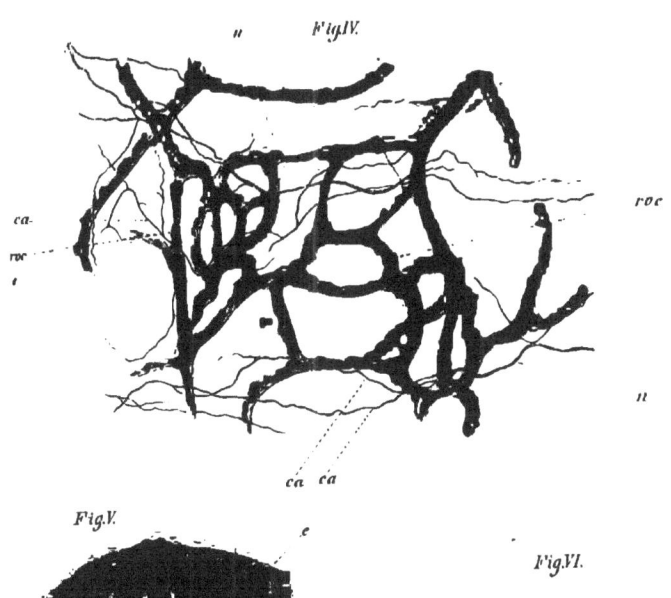

n *Fig.IV.*

ca
roc
e

roc

n

ca *ca*

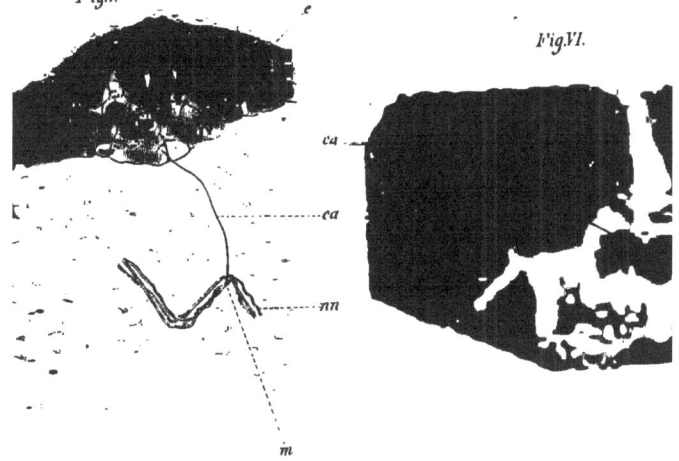

Fig.V.

e

Fig.VI.

ca

ca

nn

m

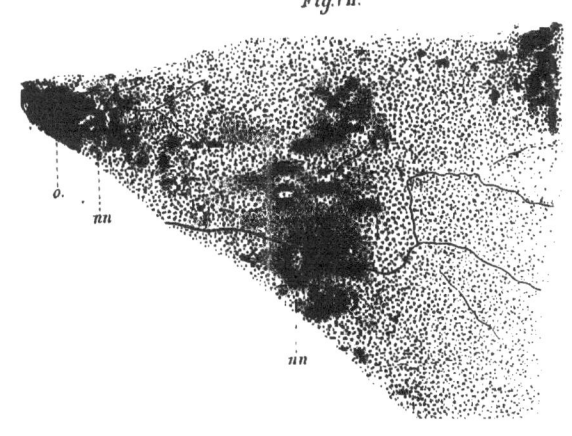

Fig.VII.

o.

nn

nn

Fig VIII.

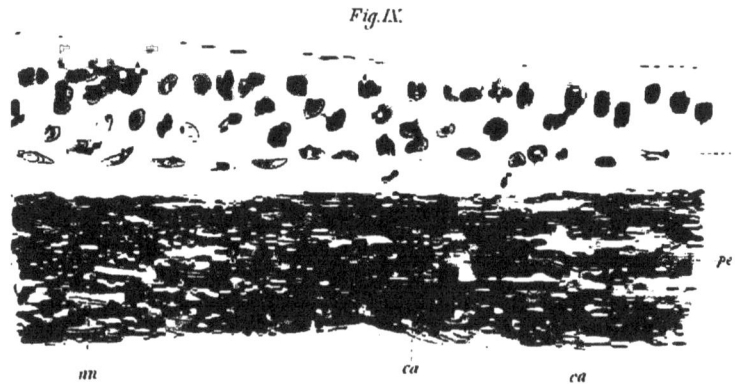

Fig.IX.